EN GÜZEL İLAHİLER
•
Gülay Aksoy

En Güzel İlahiler

Hazırlayan: Gülay Aksoy
Üretim Sor. : Bilal Temur
Syf.Düzeni : Ayhan Ogan
Baskı-Cilt : Kurtiş Matbaası - 613 68 94

İstanbul / Şubat 2005
ISBN 975-6476-14-1

CİHAN YAYINLARI
Alayköşkü Cad. No: 10 Cağaloğlu/İstanbul
Posta Kutusu: 882 Sirkeci / İstanbul
Tel: (0212) 511 61 62 (Pbx) Fax: (0212) 522 11 96
ınternet: www.turdav.com e.mail: turdav@turdav.com.tr

© "Cihan" markası ile üretilen bu eserin basım ve yayın hakları Türdav Basım ve Yayım Ticaret ve Sanayii A.Ş.'ye aittir.

En Güzel
İLAHİLER

GÜLAY AKSOY

Cihan
Yayınları

"Mal sahibi, mülk sahibi,
Hani bunun ilk sahibi,
Mal da yalan, mülk de yalan,
Var biraz da sen oyalan..."

YUNUS EMRE

ÖNSÖZ

İlahi Arapça'da ilâha ait demektir. Allah'ı övmek, yakarmak, sıfatlarını sayıp övmek konularını kapsar. Hangimiz bir ilahi dinlediğimizde etkilenmeyiz. Hepimiz tatlı bir coşku yaşarız, tüylerimiz ürperir. Hepimiz feyizleniriz, duygularımız bizleri alır götürür bir yerlere. Toplantılarımızda deriz ya hadi bir ilahi okuyun da içimiz coşsun, sanırım ki bu da bizim içimizdeki Yaradanımıza olan sevgimizin güzel bir ifadesi olsa gerek diye düşünüyorum.

Gayemiz, Allah'ımızı anmak, ona lâyık bir kul olmak değil midir? Bu gayemiz çizgisinde ufacık ta olsa ilahilerle onun aşkını içimizde hissedebiliyorsak, gözlerimizden süzülüyorsa yaşlar coşkumuzun sonucunda tüylerimiz ürperiyorsa, bu duyguyu yaşamak ne güzel değil mi?

Kitapda bulunan ilahilerin hepsinde bir mana, bir coşku bulunmaktadır. Rabbimiz bizlere bunları anlamayı, hayatımıza da uygulamayı nasip etsin inşallah.

Elinizdeki ilahiler vesilesiyle, ahirete göçmüş fakat yoğun hisleri ile bizleri aydınlatan değerli maneviyat ehli büyüklerimize Cenab-ı Allah'tan af ve mağfiret diliyorum.

Ümit ederim ki onların güzel ve duygu yüklü ilahilerinin şimdiki nesle ve gelecek nesillere taşınmasında ufacık da olsa bir katkıda bulunabilmiş ve de başarılı olabilmişimdir.

Umarım ki toplantılarınız da bu güzel ilahilerle feyizlenir.

Dualarınıza öncelikle ilahilerin sahiplerini, sonra da bizleri katmanız dileklerimle ...

GÜLAY AKSOY

RAHMAN ALLAH

Saymadın mı? Be hey gafil
Ne kadar çok günahın var?
Düşünme aç ellerini,
Rahim Allah'a yalvar

Seni görüp gözeten bir,
Rahman olan Allah'ın var.
Ne kadar suç işlesen de
Affeden ALLAHIN var

Settar Allah, İllallah
Gaffar Allah, İllallah
Ayb örtücüsün Allah
Bağışlayansın Allah

Sen bir kulsun unutma,
Sarıl sıdk ile Allah'a.
Açılır kapılar sana,
Affeden Allah'ın var.

Unutma ki o affeder,
Unutma ki o bağışlar,
Dön yüzünü sen Rabbine,
Rahim Allah'a yalvar.

Settar Allah, İllallah
Gaffar Allah, İllallah
Ayb örtücüsün Allah
Bağışlayansın Allah

LAİLAHE İLLALLAH

Allah yolu yektir, yek
Lailahe illallah
O birdir bir, tektir tek
Lailahe illallah

Girin, gönül diliyle
Diyelim hep ya Allah
Rahim de o, Rahman da
Lailahe illallah

Hu, hu, hu Allah
Hu, hu, hu Allah
Lailahe illallah

Allah yolu nurludur
Lailahe illallah,
Hep bu yolda yürü dur,
Lailahe illallah

Eğer iki cihanın
Aydın olsun istersen,
Ona inan ve sarıl
Lailahe illallah,

Hu hu hu Allah
Hu, hu, hu Allah
Lailahe illallah

MUHAMMED'E

Canı dilden aşık oldum
Muhammed'e, Muhammed'e...
Mevlam lâyık eyle bizi,
Muhammed'e, Muhammed'e...

Sallallahu ala Muhammed,
Sallallahu aleyke Ahmed

Aklı olan arif olsun,
Ciğer yansın, püryan olsun,
Bir canım var kurban olsun,
Muhammed'e, Muhammed'e...

Sallallahu ala Muhammed,
Sallallahu aleyke Ahmed

Rüyada görüştür bizi,
Murada eriştir, bizi,
Mevlam sen kavuştur bizi,
Muhammed'e, Muhammed'e...

DOST

Erler demine destur alalım
Pervaneye bak ibret alalım
Aşkın ateşine gel bir yanalım,

Dost, dost, dost, dost...

Devrana girip, seyran edelim
Eyvah demeden, Allah diyelim
Lailahe illâllah, lailahe illâllah, hû

Günler geceler durmaz geçiyor,
Sermayem olan ömrüm bitiyor,
Bülbüllere bak efgan ediyor
Ey gonca açıl mevsim geçiyor

Dost, dost, dost, dost...

Devrana girip, seyran edelim
Eyvah demeden, Allah diyelim
Lailahe illâllah, lailahe illâllah, hû

Ey yolcu biraz dur dinle beni,
Kervan geçiyor sen kalma geri,
Yusuf denilen dünya güzeli
Fethetti bugün kalbi saf evi

Devrana girip, seyran edelim
Eyvah demeden, Allah diyelim
Lailahe illâllah, lailahe illâllah, hû

UYAN

Uyan ey gözlerim gafletten uyan
Uyan uykusu çok gözlerim uyan
Azrail'in kastı canadır inan
Uyan ey gözlerim gafletten uyan
Uyan uykusu çok gözlerim uyan

Semavatın kapıların açarlar,
Alemlere rahmet suyu saçarlar,
Seherde kalkana hulle biçerler,
Uyan ey gözlerim gafletten uyan
Uyan uykusu çok gözlerim uyan...

AMAN ÇEŞME

Aman çeşme canım çeşme
Sen Ahmed'i görmedin mi
Biraz önce abdest aldı
Şu karşıki camiye sor

Aman cami canım cami
Can Ahmed'i görmedin mi
Biraz önce namaz kıldı
Şu karşıki çarşıya sor

Aman çarşı canım çarşı
Nur Ahmed'i görmedin mi
Biraz önce kefen aldı
Şu karşıki kabire sor

Aman kabir canım kabir
Muhammed'i görmedin mi
Şimdiye kadar sizindi
Şimdi ise bizim oldu.

ALMA TENDEN CANIMI

Alma tenden canımı
Aman Allah'ım aman
Görmeden cananımı
Aman Allah'ım aman

Aşıkım Muhammed'e
Ol Resûl-i emcede
Koyma bizi firkate
Aman Allah'ım aman

Bir kez yüzün göreyim
Payine yüz süreyim
Cânım anda vereyim
Aman Allah'ım aman

Zareyleme işimi,
Zehreyleme aşımı
Dökme kanlı yaşımı
Aman Allah'ım aman

MEDİNE'YE VARAMADIM

Medine'ye varamadım
Gül kokusu alamadım
Ben Rasûle doyamadım
Yaralıyım yaralıyım.

Kâbe'nin örtüsü kara
Açtı yüreğime yara
Bulunmaz derdime çare
Yaralıyım, yaralıyım.

Hacerül Esvedin taşı
Akıttın gözümden yaşı
Bulunmaz Resûlün eşi
Yaralıyım, yaralıyım.

Elimden tut kaldır beni
Ya vuslata erdir beni
Çok ağlattın güldür beni
Yaralıyım, yaralıyım.

ABDEST ALDIĞIN ZAMAN

Dökülür bedenden cümle günahlar
Namaz için abdest aldığın zaman
İki melek iki yanında durur
Sabah namazını kıldığın zaman

Dahi namazını terketme sakın
İster isen ola imanın bütün
Hak kulum der sana Rasül ümmetim
Öğle namazını kıldığın zaman

Gökten yere iner bütün melekler
Meleklere müştak olur felekler
Kabul olur anda bütün dilekler
İkindi namazın kıldığın zaman

Cennet bahçesini Hak kendi bezer
Şad olur müminler içinde gezer
Kiramen Katibin sevabın yazar
Akşam namazını kıldığın zaman

Bu namazdır müminlerin Burağı
Hak Teâla yakın eder ırağı
Cennet-i ala olur onun durağı
Yatsı namazını kıldığın zaman

Ecel yastığına koyunca başın
Dökülür gözünden kan ile yaşın
İman Kur'an olur senin yoldaşın
Azrail'e canın verdiğin zaman

DERTLİ DOLAP

Dolap niçin inilersin?
Derdim vardır inilerim.
Ben Mevlâ'ya âşık oldum,
Onun için inilerim.

Benim adım dertli dolap,
Suyum akar yalap yalap.
Böyle emreyledi Çalap,
Derdim vardır inilerim.

Beni bir dağda buldular,
Kolum kanadım kırdılar.
Dolaba lâyık gördüler,
Derdim vardır inilerim.

Ben bir dağın ağacıyım,
Ne tatlıyım ne acıyım.
Ben Mevla'ya duacıyım,
Derdim vardır inilerim.

Dağdan kestiler hezenim,
Bozuldu türlü düzenim.
Ben bir usanmaz ozanım,
Derdim vardır inilerim.

Şol dülgerler beni yondu,
Her azam yerine kondu.
Bu iniltim Haktan geldi,
Derdim vardır inilerim.

Suyum alçaktan çekerim,
Dönüp yükseğe çekerim.
Görün ben neler çekerim,
Derdim vardır inilerim.

Yunus bunda gelen gülmez,
Kişi muradına ermez
Bu fanide kimse kalmaz,
Derdim vardır inilerim.

ELHAMDÜLİLLAH

Hakk'tan inen şerbeti,
İçtik elhamdülillah.
Şol kudret denizini,
Geçtik elhamdülillah.

Şol karşıki dağları,
Meşeleri bağları.
Sağlık sefalık ile,
Aştık elhamdülillah.

Kuru idik yaş olduk,
Ayak idik baş olduk.
Havalandık kuş olduk,
Uçtuk elhamdülillah.

Vardığımız illere,
Şol safa gönüllere.
Baba Taptuk manasın,
Saçtık elhamdülillah.

Beri gel barışalım,
Yad isen bilişelim.
Atımız eğerlendi,
Eşdik elhamdülillah.

Dirildik pınar olduk,
İrkildik ırmak olduk.
Aktık denize dolduk,
Taştık elhamdülillah.

Tapduk'un tapısında
Kul olduk kapısında
Yunus miskin çiğ idik
Piştik elhamdülillah.

ÇAĞIRAYIM MEVLAM SENİ

Dağlar ile taşlar ile
Çağırayım Mevlâ'm seni
Seherlerde kuşlar ile
Çağırayım Mevlâ'm seni

Sular dibinde mâhiyle
Sahralarda âhû ile
Abdal olup yâ hû ile
Çağırayım Mevlâm seni

Gök yüzünde İsâ ile
Tûr dağında Mûsâ ile
Elindeki asâ ile
Çağırayım Mevlâm seni

Derdi öküş Eyyûb ile
Gözü yaşlı Ya'kûb ile
Ol Muhammed mahbûb ile
Çağırayım Mevlâm seni

Bilmişim dünya halini
Terk ettim kıyl ü kâlini
Baş açık ayak yalını
Çağırayım Mevlâm seni

Yûnus okur diller ile
Ol kumru bülbüller ile
Hakkı seven kullar ile
Çağırayım Mevlâm seni

ÖLMEMEYE ÇAREN Mİ VAR

Gururlanma insanoğlu
Ölmemeye çare mi var
Hazen görmüş bir gül gibi
Solmamaya çaren mi var

Hayat denen dolap döner
Bütün mahluk olan biner
Yağı biten kandil söner
Sönmemeye çaren mi var

Hiç aldanma mala mülke
Gitmez isen doğru yola
Tatlı canın Azrail'e
Vermemeye çaren mi var

Hiç güvenme can dostuna
Uçuşurlar mal kastına
Çıkıp teneşir üstüne
Yatmamaya çaren mi var

Düşünmezsin hiç ölmeyi
Terk etmezsin hiç gülmeyi
Yakası yok ak gömleği
Giymemeye çaren mi var

Nerde ecdad nerde ata
Hak'ka karşı yapma hata
Tabut denen ağaç ata
Binmemeye çaren mi var

Daim yürür Hak izinde
Hak'kı söyler her sözünde
Dört kişinin omuzunda
Gitmemeye çaren mi var

Kalkacaktır gözden perde
Göreceksin yarin, nerde
Ev kazılmış kara yerde
Yatmamaya çaren mi var

Münker nekir gelecektir
Rabbin kimdir diyecektir
Mümin cevap verecektir
Vermemeye çaren mi var

MEVLÂM NASİP ETSE

Gani Mevlam nasib etse
Varsam ağlayı, ağlayı
Medine'deki Muhammedi
Görsem ağlayı, ağlayı

Delil yapışsa elime
Lebbeyk öğretse dilime
İhram bezini belime
Sarsam ağlayı, ağlayı

Akıtırlar hayvan kanı
Esirgemez kimse canı
Şol meydanda koç kurbanı
Kessem ağlayı, ağlayı

Hüccac döner yana, yana
Ciğerim döndü büryana
Şol zemzemden kana, kana
İçsem ağlayı, ağlayı

Derviş Yunus der can ile
Kul olmuşum iman ile
Dilim Zikr-i Kur'an ile
Varsam ağlayı, ağlayı

HİCAZ ÇÖLLERİ

Geçtiğiniz yollara
Bizden selam götürün
Hak-dost diyen dillere
Bizden selam götürün

Kutlu Hicaz çölüne
Hakk'ın solmaz gülüne
O Müminler seline
Bizden selam götürün

Girenler dostun bağına
Düşmez küfrün ağına
Mübarek nur dağına
Bizden selam götürün

Yağan Nur-i Hüdaya
Merve ile Safa'ya
Muhammed Mustafa'ya
Bizden selam götürün

Yalvarıp Rabbimize
Dualar edin bize
Muazzam Kabe'mize
Bizden Selam götürün

Her yönelen Allah'a
Çıkar nurlu sabaha
Al-i Rasülullah'a
Bizden selam götürün

Girersiniz ihrama
El sürmeden harama
Sahabe-i Kiram'a
Bizden selam götürün

Lebbeyk deyip boyuna
Koşun zemzem suyuna
Beni Haşim soyuna
Bizden selam götürün

Mekke ile Medine
İki eşsiz hazine
Ciharyar-i güzine
Bizden selam götürün

Kavrulan açık başa
Öpülen siyah taşa
Gözlerden akan yaşa
Bizden selam götürün

Yetişir Cemal gayri
Çok sözün yoktur hayrı
Hüccaca ayrı, ayrı
Bizden selam götürün

HAC İLAHİSİ

Gönül kulağıma gelse bir sada
Ey kulum gel eyle haccını eda
Etsem mali-mülkü, cananı feda
Diyerek Lebbeyk, Allahümme Lebbeyk;
Lebbeyke la şerike leke Lebbeyk.

Babüs-selam'ından beytine girsem
Hacer'ül-Esved'e yüzümü sürsem
Geçip masivadan vuslata ersem
Diyerek Lebbeyk, Allahümme Lebbeyk;
Lebbeyke la şerike leke Lebbeyk.

Salih kullarınla tavafa dursam
Nurunla mest olup feyzinle doysam
Tecelli-i Zatini ruhumda duysam
Diyerek Lebbeyk, Allahümme Lebbeyk
Lebbeyke la şerike leke Lebbeyk

Akarken göz yaşım Safa'ya düşsem
Yalınayak başı açık Merve'ye koşsam
Zemzem-i Şerifi içerek coşsam
Diyerek Lebbeyk, Allahümme Lebbeyk
Lebbeyke la şerike leke Lebbeyk

Arafat'tan affa uğrayıp çıksam
Günahım tevbenin nuruyla yaksam
Beka denizine çağlayıp aksam
Diyerek Lebbeyk, Allahümme Lebbeyk
Lebbeyke la şerike leke Lebbeyk

İnnel hamde venni'mete leke vel mülk
La şerike lek...

PEYGAMBERİN İZİNDEYİZ

Biz Kuran'ın hadimleri
Pür imanlı ve zindeyiz
Bu yoldan dönmeyiz asla
Peygamberin izindeyiz

İslâmın nurlu gür sesi
Kaldırdı zulmet-i ye'si
Alemlerin efendisi
Peygamberin izindeyiz

Hayra koşan şerden kaçan
Bize nurlu yolu açan
Alemlere rahmet saçan
Peygamberin izindeyiz

Hak habibim dedi ona
Bizden feda can uğruna
Alem şahit olsun buna
Peygamberin izindeyiz

Onu sev sen, onu tanı
Odur tende canlar canı
Gönüllerin tek sultanı
Peygamberin izindeyiz

Odur ahir hak Peygamber
Ona selam salat gönder
Cihanda en büyük önder
Peygamberin izindeyiz

Tende kalan bir can ile
Aşk ile pür iman ile
Biz Hz. Kur'an ile
Peygamberin izindeyiz

TALEAL-BEDRU

Talea'l-Bedru Aleyna
Min seniyyat'il-veda
Vecebe'ş-şükrü aleyna
Ma dea lillahi da'
Ente şemsün ente bedrun
Ente nurun ala nur
Ente misbahu's-Süreyya
Merhaben ya hayra da'
Kad lebisna sevbe izzin
Ba'de esvabi'r-rika
Ve rada'na sedye mecdin
Ba'de eyyami'd-daya
Eyyühel meb'usü fina
Ci'te bil emril-muta'
Ci'te şerraftel Medine
Merhaben ya hayra da'

MUHAMMED ANADAN DOĞDU

Muhammed anadan doğdu
Melekler tebriğe indi
Gönüller şaduman oldu
Can Muhammed nurdan Ahmed

Gördüm göbeği kesilmiş
Sünnet olmuş toz ekilmiş
Nurdan kundağa sarılmış
Can Muhammed nurdan Ahmed

Hakkın nikabı yüzünde
Kudret sürmesi gözünde
Gördüm melekler dizinde
Can Muhammed nurdan Ahmed

Dileriz Hak'tan inayet
Umarız senden şefaat
Son nefeste hem selamet
Can Muhammed nurdan Ahmed

NUR KUNDAK İÇİNDE

Seyreyleyüp yandım mah cemaline
Allah, Allah
Nur kundak içinde yatar Muhammed
Canımın canısın sen ya Muhammed

Kokuları benzer cennet gülüne
Allah, Allah
Nur kundak içinde yatar Muhammed
Canımın canısın sen ya Muhammed

Kevser dudakları bilmem ne söyler
Allah, Allah
Hulusi kalbiyle hakkı zikreyler
Daha bebek iken ümmetin diler
Allah Allah
Nur kundak içinde yatar Muhammed
Canımın canısın sen ya Muhammed

Bildim odur iki cihan serveri
Allah, Allah
Allah'ın Habibi son peygamberi
O'dur yerin göğün ay ve güneşi
Nur kundak içinde yatar Muhammed
Canımın canısın sen ya Muhammed

YUSUF MİSALİ

Karanlık gecelerde
Sonu gelmez hecelerde
Mecnun gibi çöllerde
Senden haber beklerim.

Yusuf misali kuyularda
Erimekteyim, yalnızım.

Hiç meylim yok dünyaya
Daldım ben bir hülyaya
Tarifsiz bir sevdayla
Senden haber beklerim.

Yorgunum bitmez âhım
Arşa çıkar feryadım
Derdime tek ilacım
Senden haber beklerim.

KÂBE'NİN YOLLARI

Kabe'nin yolları bölük bölüktür.
Benim yüreciğim delik deliktir
Dünya dedikleri bir gölgeliktir.
Canım Kabe'm varsam sana
Yüzüm gözüm sürsem sana

Eşim dostum yüklesinler yükümü
Komşularım helal etsin hakkını
Görmez oldum ırak ile yakını
Canım Kabe'm varsam sana
Yüzüm gözüm sürsem sana

SORDUM SARI ÇİÇEĞE

Sordum sarı çiçeğe
Annen baban var mıdır?
Çiçek eydür derviş baba
Annem babam topraktır.

Sordum sarı çiçeğe
Benzin neden sarıdır?
Çiçek eydür derviş baba
Ölüm bana yakındır

Sordum sarı çiçeğe
Sizde ölüm var mıdır?
Çiçek eydür derviş baba
Ölümsüz yer var mıdır?

Sordum sarı çiçeğe
Evlat kardeş var mıdır?
Çiçek eydür derviş baba
Evlat kardeş yapraktır.

Sordum sarı çiçeğe
Boynun neden eğridir
Çiçek eydür derviş baba
Kalbim Hakka doğrudur

Sordum sarı çiçeğe
Sen beni bilir misin?
Çiçek eydür derviş baba
Sen Yunus değil misin?

EHLEN VE SEHLEN

Ey enbiyalar serveri
Ey evliyalar rehberi
Ey ins u can peygamberi
Ehlen ve sehlen merhaba

Sen canların cananısın
Dertlilerin dermanısın
Alemlerin sultanısın
Ehlen ve sehlen merhaba

Sensin mahbub-i hüda
Etme şefaatten cüda
Ahmed Muhammed Mustafa
Ehlen ve sehlen merhaba

Derviş Yunus söyler sözü
Dergahına sürer yüzü
Severler mahşerde bizi
Ehlen ve sehlen merhaba

SEHER VAKTİ BÜLBÜLLER

Seher vakti bülbüller
Ne de güzel öterler
Açınca tüm çiçekler
Birlikte zikrederler

Aman Allah illallah
Dertlere derman Allah
Gönüle şifa veren
Lailahe illallah

Akşam olur giderler
Boyun büker çiçekler
Kim bilir ne söylerler
Feryad eder bülbüller

Aman Allah illallah
Dertlere derman Allah
Gönüle şifa veren
Lailahe illallah

Onlarda bütün dertler
Yine de şükrederler
Salat selam söylerler
Beytullah'a giderler

Aman Allah illallah
Dertlere derman Allah
Gönüle şifa veren
Lailahe illallah

GÖNLÜMDEN YUNUS GEÇER

Cennette huriler gezer,
Huriden ahdim geçer.
Ahde hikmet ne gerek,
Gönlümden Yunus geçer.

Şol dağdan ırmak akar,
Irmaktan bahtım geçer.
Bahta hayret ne gerek,
Gönlümden Yunus geçer.

Beytullah'a güneş doğar,
Güneşten cânım geçer.
Câna zulmet ne gerek,
Gönlümden Yunus geçer.

İSTER İDİM ALLAH'I

İster idim Allah'ı buldum ise ne oldu
Ağlar idim dün ü gün güldüm ise ne oldu

Erenler meydanında yuvarlanır top idim
Padişah çevganında kaldım ise ne oldu

Erenler sohbetinde deste kızıl gül idim
Açıldım ele geldim soldum ise ne oldu

Alimler ulemalar medresede bulduysa
Ben harabat içinde buldum ise ne oldu

İşit Yunus'u işit yine deli oldu hoş
Erenler manisine daldım ise ne oldu

BİR SABAH GELECEK KARDAN AYDINLIK

Gergin uykulardan, kör gecelerden
Bir sabah gelecek, kardan aydınlık
Sonra düğüm, düğüm bilmecelerden
Bir sabah gelecek, kardan aydınlık.

Vurulup ömrünün ilkbaharında
Kanından çiçekler açar yanında
Cümle şehitlerin omuzlarında
Bir sabah gelecek, kardan aydınlık.

Gökten yağmur, yağmur yağacak renkler
Daha hoş kokacak otlar, çiçekler
Ardından bitmeyen mutlu gerçekler
Bir sabah gelecek, kardan aydınlık.

VEYSEL KARANİ

Anasından doğdu, dünyaya geldi
Melekler altına, kanadın yaydı
Resûlün hırkasın, tâcını giydi
Yemen illerinde Veysel Karani.

Sabah namazın kılar giderdi
Gizlice Rabbine niyaz ederdi
Onun işi, gücü deve güderdi
Yemen illerinde Veysel Karani.

Bin deveyi bir akçeye güderdi
Onun da nısfını zekât verirdi
Develer güderken tevhid ederdi
Yemen illerinde Veysel Karani.

Elinde asası hurma dalından
Asla hata gelmez onun dilinden
Sırtında hırkası deve yününden
Yemen illerinde Veysel Karani.

Yastığı taş idi, döşeği postu
Cennetlik eylemek, ümmeti kastı
Hakkın sevgilisi, Habibin dostu
Yemen illerinde Veysel Karani.

Anasından destur aldı, durmadı
Kabe yollarını geçti, boyladı
Geldi, ol resûlü evde bulmadı
Yemen illerinde Veysel Karani.

Peygamber mescitten evine geldi
Veysin nurunu kapıda gördü
Sordu Fatıma'ya eve kim geldi
Yemen illerinde Veysel Karani.

Yunus eydür, gelin biz de varalım
Ayağı tozuna yüzler sürelim
Hak nasip eylesin komşu olalım
Yemen illerinde Veysel Karani.

Karani, Karani Hakkın yarânı
Söylemez yalanı, yemez haramı.

CÜRMÜM İLE

Ey rahmeti bol Padişah
Cürmüm ile geldim sana.
Ben eyledim hadsiz günah
Cürmüm ile geldim sana.

Senden utanmadım hemen
Ettim hata gizli ayan
Vurma yüzüme el-aman
Cürmüm ile geldim sana.

Senin adın Gaffar iken
Ayb örtücü Settar iken
Kime gidem sen var iken
Cürmüm ile geldim sana.

Sübhan Allah, Rahman Allah
Tüm dertlere derman Allah
Ben eyledim hadsiz günah
Cürmüm ile geldim sana.

BÜLBÜL

Bülbül gülün hayranı
Allah dertler dermanı
Nasip eyle Kuran'ı

Allah mahrum eyleme
Bizi mahcup eyleme

Bülbül gül kafesinde
Dağlar inler sesinde
Ol arşın gölgesinde

Allah mahrum eyleme
Bizi mahcup eyleme

Bülbül gülsüz olmaz
Goncasız gül açılmaz
Gönül ferman dinlemez

Allah mahrum eyleme
Bizi mahcup eyleme

ŞEYHİMİN İLLERİ

Şeyhimin illeri, uzaktır yolları
Açılmış gülleri, dermeğe kim gelir?

Şeyhimin özünü severim sözünü,
Mübarek yüzünü, görmeğe kim gelir?

Şeyhimin ilini, sorarım yolunu,
Ol sebil elini, öpmeğe kim gelir?

Şeyhimin ilinde, asâsı elinde,
Muhammed dilinde, olmağa kim gelir?

Şeyhimin ilinde, bir kadeh elinde,
Susamış aşıklar, kanmağa kim gelir?

Ah şeyhim sen beni, yandırdın derd ile,
Bu derdin dermanın sormağa kim gelir?

Ahd ile vefalar, zevk ile safalar,
Bu yolda cefalar, çekmeğe kim gelir?

Şehidin donunu, yumazlar kanını,
Dost için canını, vermeğe kim gelir?

Halk için malını, hep vere varını,
Aşk için kanını, dökmeğe kim gelir?

Ah ile gözyaşı, Yunus'un haldaşı,
Zehr ile şol aşı, yemeğe kim gelir?

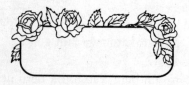

YARAB BU NE DERTTİR

Yarab bu ne derttir derman bulunmaz
Yar bu ne yaradır merhem bulunmaz
Benim garip gönlüm aşktan usanmaz
Varıp yare gider hiç geri dönmez..

Aşık olan gönül aşktan usanmaz
Ahiret korkusun bir pula saymaz
Aşk pazarıdır bu canlar satılır
Satarsın bu canı hiç kimse almaz..

Döne döne bin bir öğüt verirler
Dünya malı ile gözün boyarlar
Aşık öldü deyu sala verirler
Ölen hayvan olur, aşıklar ölmez.

BANA SENİ GEREK SENİ

Aşkın aldı benden beni
Bana seni gerek seni
Ben yanarım dünü günü
Bana seni gerek seni

Ne varlığa sevinirim
Ne yokluğa yerinirim
Aşkın ile avunurum
Bana seni gerek seni

Aşkın aşıklar öldürür
Aşk denizine daldırır
Tecelli ile doldurur
Bana seni gerek seni

Aşkın şarabından içem
Mecnun olup dağa düşem
Sensin dünü gün endişem
Bana seni gerek seni

Sofilere sohbet gerek
Ahilere ahret gerek
Mecnunlara Leyla gerek
Bana seni gerek seni

Yunus'dur benim adım
Gün geldikçe artar odum
İki cihanda maksudum
Bana seni gerek seni.

MEVLÂ BULUNMAZ

Bu akıl fikr ile Mevlâ bulunmaz
Bu ne yaradır ki, zahmı urulmaz
Ya Allah hu Allah, Allah, Allah, Allah

Yürü zâhit yürü, var git yoluna
Bunda başlar gider, canlar sorulmaz
Ya Allah hu Allah, Allah, Allah, Allah

Aşkın pazarında canlar satarlar
Satarım canımı alan bulunmaz
Ya Allah hu Allah, Allah, Allah, Allah

Deryalar geçerim, susuz gezerim
Beni kandıracak umman bulunmaz
Ya Allah hu Allah, Allah, Allah, Allah

Yusuf'um kayboldu Kenan ilinde
Yusuf'um bulundu, Kenan bulunmaz
Ya Allah hu Allah, Allah, Allah, Allah

Yunus öldü diye salâ verirler
Ölen hayvan imiş dervişler ölmez
Ya Allah hu Allah, Allah, Allah, Allah

AŞIK OLDUM

Canı dilden aşık oldum.
Muhammede.. Muhammede..
Mevlâm bizi ümmet eyle
Muhammede.. Muhammede..

Her dergâhına girelim
Biz de murada erelim
Her dem salavat verelim
Muhammede.. Muhammede..

Murada eriştir bizi
Rüyada görüştür bizi
Allah'ım kavuştur bizi
Muhammede.. Muhammede..

Fahr-i âlem denmedi mi?
Gökten Kur'an inmedi mi?
Taç başına konmadı mı?
Muhammede.. Muhammede..

Hak emrini tutmadı mı?
Muradına yetmedi mi?
Kâbe secde etmedi mi?
Muhammede.. Muhammede..

Hırka sancak gelmedi mi?
Hem Peygamber olmadı mı?
Hak Habibim demedi mi?
Muhammede.. Muhammede..

Ahmed Muhammed'dir adı
Nurdandır onun cemâli
Cenab-ı Hak dostum dedi
Muhammede.. Muhammede..

ALLAH İSMİN ULUDUR

Allah ismin uludur
Emrin tutan kuludur
Müminlerin yoludur
Allah Allah Kerîm Allah
Rahim Allah,
Aman Allah diyelim ya Hu

Allah emrin tutalım
Rahmetine batalım
Bülbül gibi ötelim
Allah Allah Kerîm Allah
Rahim Allah,
Aman Allah diyelim ya Hu

Allah ismi dillerde
Sevgisi gönüllerde
Şol korkulu yerlerde
Allah, Allah Kerîm Allah
Rahim Allah,
Aman Allah diyelim ya Hu

Ölüp kabre varınca
Münker, Nekir gelince
Rabbin kimdir deyince
Allah, Allah Kerîm Allah,
Rahim Allah,
Aman Allah diyelim ya Hu

Yunus söyler sözünü
Hakka bağlar özünü
Toprak örter yüzünü
Allah, Allah Kerîm Allah,
Rahim Allah,
Aman Allah diyelim ya Hu

ALLAH ADIN DİYELİM

Allah adın diyelim,
imanı hoş edelim
Doğru yola gidelim,
Gelin Allah diyelim

Sübhânallah, Sultanallah,
Her dertlere derman Allah

Afattan arıtır seni,
Gamdan kurtarır seni
Hakka döndürür seni,
Gelin Allah diyelim

Sübhânallah, Sultanallah,
Her dertlere derman Allah

Derbentlerden kurtarır,
Aşkı coşup artırır
Korkulardan kurtarır,
Gelin Allah diyelim

Sübhânallah, Sultanallah,
Her dertlere derman Allah

Hakk ile biliştirir,
Rahmete ulaştırır
Sevgiye eriştirir,
Gelin Allah diyelim

Sübhânallah, Sultanallah,
Her dertlere derman Allah

Rahat ettirir bu canı,
Dünya dururmuş fani
Diyelim bir hoş anı,
Gelin Allah diyelim

Sübhânallah, Sultanallah,
Her dertlere derman Allah

Bu gözlere nur verir,
Gönüle sürur verir
Ne dilersen er görür,
Gelin Allah diyelim

Sübhânallah, Sultanallah,
Her dertlere derman Allah

SENİ SEVEN AŞIKLARIN

Seni seven aşıkların
Gözü yaşı dinmez imiş...
Seni maksud edinenler
Dünya ahret anmaz imiş ..

Gönlün sana verenlerin
Eli sana erenlerin
Gözü seni görenlerin
Devranları dönmez imiş ..

Aşkına düşen canların
Yoluna baş verenlerin
Aşka bülbül olanların
Kimse dilin bilmez imiş ..

Aşkın ile bilişenler
Senin ile buluşanlar
Sen maşuka erişenler
Ezel ebed ölmez imiş

EŞREFOĞLU RUMİ senin
Yansın aşk oduna canın
Aşk oduna yanmayanın
Kalbi safi olmaz imiş

ERENLERİN SOHBETİ

Erenlerin sohbeti
Ele giresi değil,
İkrar ile gelenler
Mahrum kalası değil.

İkrar gerek bir ere
Göz açıp didar göre
Sarraf gerek gevhere
Nâdân bilesi değil.

Bir pınarın başına
Bir testiyi koysalar
Kırk yıl anda dursa da
Kendi dolası değil.

Ümmî Sinan yol iyân
Oluptur belli beyân
Dervişlik yolu hemân
Tâc ü hırkası değil.

KEFEN

Bitti yolculuğun işte son durak
Getirdiler seni başlar üstünde
Ne idin ne oldun kalk haline bak
Bir kefenden başka ne var üstünde

Ne vicdan tanıdın ne de dinini
Doyurmak istedin hep sen nefsini
Kalk ta şöyle bir yokla kendini
Bir kefenden başka ne var üstünde

Desek rahmet eyle Yarab ne çare
Yaradana yüzüm yok ki bi çare
Dünyayı terk edip inerken kabre
Bir kefenden başka ne var üstünde

Şeytan düşmandı onu dost bildin
Bugün yarın derken geldi ecelin
Tövbeden bir nasip almadan gittin
Bir kefenden başka ne var üstünde

Toplayıp sakladın dünya malını
Sormadın bir gün fakir halini
Şimdi başı açık ayak yalını
Bir kefenden başka ne var üstünde

Azrail gelir gözden kalkar perde
O an göreceksin yerin nerde
Ev kazarlar sana o kara yerde
Bir kefenden başka ne var üstünde

GEL GÖR BENİ AŞK NEYLEDİ

Gönlüm düştü bu sevdaya
Gel gör beni aşk neyledi
Başımı verdim bu kavgaya
Gel gör beni aşk neyledi

Ben yürürem yane yane,
Aşk boyadı beni kane
Ne akılem ne divane
Gel gör beni aşk neyledi

Kah eserim yeller gibi
Kah tozarım yollar gibi
Kah akarım seller gibi
Gel gör beni aşk neyledi

Akar sulayın çağlaram
Dertli ciğerim dağlaram
Şeyhüm anuban ağlaram
Gel gör beni aşk neyledi

Ya elim al kaldır beni
Ya vaslına erdir beni
Çok ağladım güldür beni
Gel gör beni aşk neyledi

Miskin Yunus biçareyim
Baştan aşağı yareyim
Dost ilinden avareyim
Gel gör beni aşk neyledi

ŞOL CENNETİN IRMAKLARI

Şol cennetin ırmakları
Akar Allah deyu deyu
Çıkmış İslâm bülbülleri
Öter Allah deyu deyu

Salınır tuba dalları
Kur'an okur hem dilleri
Cennet bağının gülleri
Kokar Allah deyü deyü

Kimi yiyip kimi içer
Hep melekler rahmet saçar
İdris nebi hulle biçer
Biçer Allah deyü deyü

Hep nurdandır direkleri
Gümüştendir yaprakları
Uzandıkça budakları
Biter Allah deyü deyü

Aydan arıdır yüzleri
Misk ü anberdir sözleri
Cennette huri kızları
Gezer Allah deyu deyu

Hakk'a aşık olan kişi
Akar gözlerinin yaşı
Pür-nur olur içi dışı
Söyler Allah deyü deyü

Ne dilersen Hakk'tan dile
Kılavuz ol doğru yola
Bülbül aşık olmuş güle
Öter Allah deyü deyü

Açıldı gökler kapısı
Rahmetle doldu hepisi
Sekiz cennetin kapısı
Açar Allah deyü deyü

Rıdvandır kapı açan
Hulle donları biçen
Kevser şarabın içen
Kanar Allah deyü deyü

Yunus Emre var yârına
Koma bugünü yarına
Yarın Hakk'ın didarına
Varır Allah deyu deyu

CANIM ARZULAR SENİ

Araya araya bulsam izini
İzinin tozuna sürsem yüzümü
Hakk nasip eylese görsem yüzünü
Ya Muhammed canım arzular seni.

Bir mübarek sefer olsa da gitsem
Ka'be yollarında kumlara batsam
Hub cemalin bir kez düşte seyretsem
Ya Muhammed canım arzular seni.

Zerrece kalmadı gönlümde hile
Sıdk ile girmiştim ben bu Hakk yola
Ebu Bekir Ömer Osman da bile
Ya Muhammed canım arzular seni.

Ali ile Hasan Hüseyin onda
Sevgisi gönülde muhabbet canda
Yarın mahşer günü olur divanda
Ya Muhammed canım arzular seni.

Arafat dağıdır bizim dağımız
Onda kabul olur bizim duamız
Medine'de yatar Peygamberimiz
Ya Muhammed canım arzular seni.

Yunus medheyledi seni dillerde
Dillerde, dillerde hem gönüllerde
Ağlaya, ağlaya gurbet ellerde
Ya Muhammed canım arzular seni.

CANIM KURBAN OLSUN

Canım kurban olsun senin yoluna
Adı güzel kendi güzel Muhammed
Şefaat eyle bu kemter kuluna
Adı güzel kendi güzel Muhammed

Mü'min olanların çoktur cefası
Ahirette olur zevk u sefası
On sekiz bir alemin Mustafa'sı
Adı güzel kendi güzel Muhammed

Yedi gökleri seyran eyleyen
Kürsi'nin üstünde cevlan eyleyen
Mi'racda ümmetini dileyen
Adı güzel kendi güzel Muhammed

Dört çâr-yar anun gökçek yarıdır
Anı seven günahlardan beridir
On sekiz bin alemin sultanıdır
Adı güzel kendi güzel Muhammed

Aşık Yunus nider dünyayı sensiz
Sen hak Peygambersin şeksiz şüphesiz
Sana uymayanlar gider imansız
Adı güzel kendi güzel Muhammed

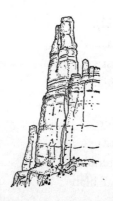

AŞIKLAR

Aşkın ile âşıklar
Yansın Yâ Resûlâllah
İçip aşkın şarabın
Kansın Yâ Resûlallah

Şol seni seven kişi
Verir yoluna başı
İki cihan güneşi
Sensin Yâ Resûlâllah

Şol seni sevenlere
Kıl şefaat anlara
Mü'min olan tenlere
Cansın Yâ Resûlâllah

Âşık oldum dildâre
Bülbülüm şol gülzâre
Seni sevmeyen nâre
Yansın Yâ Resûlâllah

Âşık Yunus'un cânı
Hilm ü şefaat kânı
Âlemlerin sultanı
Sensin ya Resûlallah

SULTANIM

Tut elimden kaldır beni
Aşk oduna yandır beni
Haber gönder aldır beni
Derde ferman ey Sultanım.

Sultanım, sultanım, sultanım,
Derde derman ey Sultanım.

Yol yürürüm yollar çamur,
Ha dolu yağmış ha yağmur
Sana varmak bana onur
Derde ferman ey Sultanım.

Sultanım, sultanım, sultanım,
Derde derman ey Sultanım.

Yollarımı sana getir
Her sonucu sende bitir
Yiteceksem sende yitir
Derde ferman ey Sultanım.

Sultanım, sultanım, sultanım,
Derde derman ey sultanım.

AFFEYLE ALLAH

Günahım çok büyük
Affeyle Allah.
Nefsimin şerrinden
Koru inşallah.

Ben bir garip kulum
Ne olur ki sonum
Malumdur şu halim
Affeyle Allah.

Sen beni yarattın
Hâlıksın Allah,
Herşey'in sahibi,
Mâliksin Allah.

Ben bir garip kulum
Ne olur ki sonum
Malumdur şu halim
Affeyle Allah.

HAKKA YALVAR SEHERLERDE

Uyan gafletten ey naim
Hakka yalvar seherlerde
Döküp acı yaşı daim
Hakka yalvar seherlerde.

Seherlerde açılır gül
Onun için zar eder bülbül
Uyanıp derd ile ey dil
Hakka yalvar seherlerde.

Gel ey miskin biçare
Dolaşma, gezme avare
Dilersen derdine çare
Hakka yalvar seherlerde.

Açılır bab-ı sübhani
Çekilir han-ı sultani
Dökülür feyz-i rabbani
Hakka yalvar seherlerde

Seherde kalkıp her gâh
Yüzün yere sürüp kıl ah
Vere lütfu sana nâgah
Hakka yalvar seherlerde

Seherlerde uykudan uyan
Niyazi durma derde yan
Ola kim erişe derman
Hakka yalvar seherlerde.

Niyazi Mısri

BANA ALLAHIM GEREK

Neyleyeyim dünyayı
Bana Allahım gerek
Gerekmez masivâyı
Bana Allahım gerek.

Ehli dünya dünyada
Ehli ukba ukbada
Her biri bir sevdada
Bana Allahım gerek.

Dertli dermanın ister
Kullar sultanın ister
Âşık cananın ister
Bana Allahım gerek.

Fâni devlet gerekmez
Türlü zinet gerekmez
Haksız cennet gerekmez
Bana Allahım gerek.

Bülbül güle eder zâr
Pervaneyi yıkmış nar
Her kulun bir derdi var
Bana Allahım gerek.

Beyhûde hevâyı ko
Hakkı bulgör ya HU
Hüdayi'nin sözü bu
Bana Allahım gerek.

Aziz Mahmut Hüdayi

GELSİN

Bu dervişlik yoluna,
Sıdk ile gelen gelsin.
Hak'tan özge ne ki var
Gönlünden silen gelsin.

Dervişlik dedikleri
Nihayetsiz denizdir
Bu pâyânsız denizin
Mevcini duyan gelsin.

Dervişin gözü açık
Dünü günü uyanık
Bu söze Mevlâm tanık
Bakmadan gören gelsin.

Dervişin kulağı sak
Hak'tan alır ol sebak
Deprenmeden dil budak
Sözü işiten gelsin.

Dervişin kolu uzun
Çıkarır münkir gözün
Şarktan garba düpdüzün
Her nefes gören gelsin

Dervişler Hakk'ın dostu
Canları ezel mesti
Aşk şem'ine yaktılar
Pervane olanlar gelsin.

Bu Eşrefoğlu Rumi
Dervişliğe geleli
Nefsindendir çektiği
Nefsini bilen gelsin.   Eşrefoğlu Rumi

GEL GÖNÜL
GİR GÖNÜLE

Sana bir gizli sözüm var:
Gel gönül, gir gönüle.
Sen senliğini elden bırak,
Gel gönül, gir gönüle...

Bulam dersen feth-i bâbın
Kaldır sen, senlik hicâbın
Bilem dersen aşk kitabın
Gel gönül gir gönüle ...

İlmine bakıp güvenme,
Zühdünü görüp aldanma,
Bunda cana başa kanma,
Gel gönül gir gönüle...

Zühd, zahit tuzağıdır;
İlm, amel nefs bağıdır.
Gönül evi Hak evidir.
Gel gönül gir gönüle...

KAYGUSUZ bu böyle olur,
Hakka doğru yol kim varır?
Bulanlar gönülde bulur.
Gel gönül gir gönüle...

       Vizeli Kaygusuz

GÜLDÜR GÜL

Seyrimde bir şehre vardım
Gördüm sarayı güldür gül
Sultanımın tacı tahtı
Bağı, dıvarı güldür gül

Gül alırlar, gül satarlar
Gülden terazi tutarlar
Gülü, gül ile tartarlar
Çarşı pazarı güldür gül

Toprağı güldür, taşı gül
Kurusu güldür, yaşı gül
Has bahçesinin içinde
Servi, çınarı güldür gül

Gülden değirmeni döner
Anın ile gül öğünür
Akar suyu, döner çarkı
Bendi, pınarı güldür gül

Ak gül ile kırmızı gül
Çift yetişmiş bir bahçede
Bakışırlar hara karşı
Hârı, ezkarı güldür gül

Gülden kurumuş bir çadır
İçinde nimeti hazır
Kapıcısı İlyas Hızır
Nânı, şarabı güldür gül

ÜMMİ SİNAN gel vasfeyle
Gül ile bülbül derdini
Yine bu garip bülbülün
Ahü figânı güldür gül....

Ümmi Sinan

DOYMADIM Kİ

Ben resûlden çok memnunum
O da benden memnun mu ki?
Tekrar nasip eyle Yarab
Ben Resûle doymadım ki

Doyulur mu o Mahmud'a
Doyulur mu o Ahmed'e
Dünya bile doymamış ki
Nasıl doyam Muhammed'e

Camisi sıra direkler
Müminler şefaat bekler
Nöbet tutuyor melekler
Ben Resûle doymadım ki

Doyulur mu Ravzasına
Doyulur mu türbesine
Doyulur mu can Ahmed'e
Ben Resûle doymadım ki

Müslüman Mekke'ye koşar
Muhammed aşkıyle coşar
Bilmeyenler boşa yaşar
Ben Resûle doymadım ki

Bütün Âlem Muhammed der
Mahzun kardeş hemen git gör
Malın mülkün burda kalır
Ben Habibe doymadım ki

Yakın olur uzakları
Kabul olur dilekleri
Yeşil donlu melekleri
Gördüm ama doymadım ki

Gözyaşımla Safaya düştüm
Yalın ayak Merveye koştum
Zemzemi aşkla içtim
İçtim ama doymadım ki

Arafattan vakfe çıktım
Tövbe ile günahım yıktım
Nur denizine aktım
Aktım ama doymadım ki

Hacerül Esvedi öptüm
Makamı İbrahim'e gittim
Beytullah'ı tavaf ettim
Ettim ama doymadım ki

Biraz Nur dağında kaldık
Mahşeri bir kalabalık
Pırıl pırıl bir altın oluk
Gördüm ama doymadım ki

Ümmetin son sözü size
Ya Muhammed acı bize
Şefaat et cümlemize
Ah ben sana doymadım ki

GÜLLER SÜMBÜLLER

Güller sümbüller
Yanık gönüller
Divane diller
Mevlayı özler

Hu diyen canlar
Canda cananlar
Aşkla yananlar
Mevlayı özler.

Pervane nare
Deme ağyare
Mest olan yare
Mevlayı özler

Zikreden zakir
Şükreden şakir
Aşık bu fakir
Mevlayı özler

Emrin ver bana
Niyazım sana
Yüreğim yana
Mevlayı özler

ALLAH ALLAH DEDİKÇE

Gelin Allah diyelim,
Kalpten pası silelim,
Alemler seyredelim,
Allah, Allah dedikçe.

Nerde tevhid çekilir,
Melekler saf, saf gelir,
Hepsi tekbir getirir,
Allah, Allah dedikçe.

Zikr-i Hakka başlandı,
İsm-i Celal hızlandı,
Arş-ı A'la sallandı,
Allah, Allah dedikçe.

Gönüller şadan olur
Kaygudan azad olur,
Can mülkü abad olur
Allah, Allah dedikçe.

Gafil olma Naciya!
Hakkı zikret daima,
Seni zikreder Hüda,
Allah, Allah dedikçe.

BU AŞK BİR BAHRİ UMMANDIR

Bu aşk bir bahri ummandır
Buna hadd-ü kenar olmaz
Delilim sırr-ı Kuran'dır
Bunu bilende ar olmaz

Sübhanallah Sultan Allah
Her dertlere Derman Allah

Kıyamazsan başü cane
Irak dur girme meydane
Bu meydanda nice başlar
Kesilir hiç soran olmaz

Sübhanallah Sultan Allah
Her dertlere Derman Allah

Biz aşığız biz ölmeyiz
Çürüyüp toprak olmayız
Karanlıklarda kalmayız
Bize leyl-ü nehar olmaz

Sübhanallah Sultan Allah
Her dertlere Derman Allah

BİLMEM NİDEYİM

Bilmem nideyim
Aşkın elinden
Kande gideyim
Aşkın elinden

Sallallahu Ala Muhammed
Sallallahu Aleyke Ahmed

Meskenim dağlar
Gözyaşım çağlar
Durmaz kan ağlar
Aşkın elinden

Sallallahu Ala Muhammed
Sallallahu Aleyke Ahmed

Varım vereyim
Kadre ereyim
Üryan olayım
Aşkın elinden

Sallallahu Ala Muhammed
Sallallahu Aleyke Ahmed

Yunus'un sözü
Kül olmuş özü
Kah ağlar gözü
Aşkın elinden

ZİKRULLAH

Acep lütfun seherinde Allah
Seher vaktinde zikrullah
Bilene hoş ibadettir
Seher vaktinde Zikrullah

Hu aşıkların canıdır
Resulün armağanıdır
Dertlilerin dermanıdır
Seher vaktinde Zikrullah

Bu bir yoldur katı ince
Layıktır kocaya gence
Yeter Yunus'a eğlence
Seher vaktinde Zikrullah

HAK YARATTI ALEMİ

Hak yarattı alemi
Aşkına Muhammedin
Ay ü günü yarattı
Şevkine Muhammedin

Ol dedi oldu alem
Yazıldı levh ü kalem
Okundu hatm-ı kelam
Şanına Muhammedin

Yunus kime ede methi
Över Kur'an ayeti
An! vergil salavatı
Aşkına Muhammedin

Yunus Emre

TAŞTI RAHMET DERYASI

Taştı rahmet deryası
Gark oldu cümle asi,
Dört kitabın manası:
La ilahe illallah.

Budur mananın hası
Siler kalbinden pası
İsm-i a'zam duası
La ilahe illallah.

Gönül burcundan doğar,
Aleme rahmet yağar
Hakk'ın birliği öğer
La ilahe illallah.

Kitaplarda yazlıdır,
Gönüllerde gizlidir.
Söylenecek söz budur:
La ilahe illallah.

Cennetten çıktı Adem,
Dünyaya bastı kadem,
Bunu der idi müdam:
La ilahe illallah.

Erenlerin burağı,
Yakın eder ırağı,
Arşın kürsün direği
La ilahe illallah.

Gönüllere yol eyler.
Dağı taşı kül eyler,
Sultanları kul eyler,
La ilahe illallah.

Yunus da bunu dedi,
Yanar yürek aşk odu.
Mevla'nın güzel adı
La ilahe illallah.

Yunus Emre

MESCİD-İ AKSA

Mescid-i Aksa'yı gördüm düşümde,
Bir çocuk gibiydi ve ağlıyordu.
Varıp eşiğine alnımı koydum,
Sanki bir yer altı nehri çağlıyordu.

Gözlerim yollarda bekler dururum.
Nerde kardeşlerim diyordu bir ses.
İlk kıblesi benim Ulu Nebi'nin,
Unuttu mu acaba bunu herkes?

Burak dolanırdı yörelerimde
Miraca yol veren hız üssü idim;
Belli kutsallığım şehir ismimden,
Her yana nur saçan bir kürsü idim;

Hani o günler ki binlerce mümin,
Tek yürek halinde bana koşardı.
Hemşehrim nebiler hatırı için,
Cevaba erişen dualar vardı.

Şimdi kimsecikler varmaz yanıma,
Müminden yoksunum, tek ve tenhayım.
Rüzgarlar silemez göz yaşlarımı,
Çöllerde kayıp bir yetim vahayım.

Mescid-i Aksa'yı gördüm düşümde
Götür Müslümana selam diyordu,
Dayanamıyorum bu ayrılığa,
Kucaklasın beni İslam diyordu.

Akif İnan

MİLK-İ BEKADAN GELMİŞEM

Milk-i bekadan gelmişem,
Fani cihanı neylerem
Ben dost cemalin görmüşem,
Huri cinanı neylerem

Eyyub gibi maşukunum
Cevrin tahammül eylerem
Cercis'leyin Hakk yoluna
Çıkmayan canı neylerem

İsmail'em Hakk yoluna,
Canımı kurban eylerem
Çünkü bu can kurban sana
Ben koç kurbanı neylerem

İsa gibi dünya koyup
Gökleri seyran eylerem
Musa-yı didar olmuşam,
Ben len terani neylerem

Derviş Yunus maşukuna,
Vuslat edince mest olur
Ben şişeyi çaldım taşa
Namus u arı neylerem

Yunus Emre

KALANLARA SELAM OLSUN

Biz dünyadan gider olduk, kalanlara selam olsun,
Bizim için hayır dua, kılanlara selam olsun.

Ecel büke belimizi, söyletmeye dilimizi,
Hasta iken halimizi, soranlara selam olsun.

Tenim ortaya açıla, yakasız gömlek biçile
Bizi bir asan veçhile, yuyanlara selam olsun.

Sala verile kastımıza, gider olduk dostumuza
Namaz için üstümüze, duranlara selam olsun.

Derviş Yunus söyle sözü, yaş dolmuştur iki gözü,
Bilmeyen ne bilsin bizi, bilenlere selam olsun.

Yunus Emre

EY AŞIK-I SADIKLAR..

Ey aşık-ı sadıklar,
Gelin Allah diyelim
Bezm-i Hakk'a layıklar,
Gelin Allah diyelim.

Sübhanallah, Sultanallah.
Her derdlere derman Allah.

Varalım doğru raha,
Yüz sürelim dergaha,
Yalvaralım Allah'a
Gelin Allah diyelim.

Yolunda can verelim.
Lutf-u Hakk'a erelim.
Cemalini görelim,
Gelin Allah diyelim.

Dinlen Derviş Himmet'i
Tutun farzı, sünneti.
Ey Muhammed ümmeti,
Gelin Allah diyelim.

DİL HANESİ
PÜR NUR OLUR..

Dil hanesi pür nur olur,
Envar-ı Zikrullah ile.
İklim-i dil ma'mur olur,
Mi'mar-ı Zikrullah ile.

Her müşkil iş asan olur,
Derd-i dile derman olur,
Canın içinde can olur,
Esrar-ı Zikrullah ile

Zikreyle Hak'kı her nefes
Allah bes, baki heves..
Bes gayriden ümidi kes!
Tekrar-ı Zikrullah ile.

Gör ehli halin fırkasın.
Çak etti ceyb-i hırkasın,
Devr eyle Zikrin halkasın;
Pergar-ı Zikrullah ile.

Terk et cihan arayişin
Nefsin gider alayişin
Bul can-ı dil asayişin
Efkar-ı Zikrullah ile

Ahmed seni ikrar eder
Hem zikrini tekrar eder
İhlasını iş'ar eder
Eş'ar-ı Zikrullah ile.

GAFLET UYKUSUNDAN..

Gaflet uykusundan yatar uyanmaz,
Can gözü kapalı gafilan çoktur;
Hak sözü dinlemez, asla inanmaz;
Kalbi çürük-fesat cahilan çoktur.

Kur'anla-sünnete vermez özünü.
Gaflet uykusundan açmaz gözünü,
Taştan katı-beter söyler sözünü,
Bed amelli-cahil, münkıran çokdur.

Bildiğinden şaşmaz, nasihat almaz;
Aslı münkir olan imana gelmez
Hakkını yitirmiş, kendine dönmez
Nefsiyle uğraşan pehlivan çokdur.

Nefis atına binmiş gezer boşuna,
Haksız olanların hakda işi ne?
İblis gibi düşmüş halkın peşine.
Şeytan dolabına aldanan çokdur.

Hak yolda herkesi, mest olur sanma;
Her kurban derisin post olur sanma.
Her yüz'e güleni dost olur sanma.
İçi kafir dışı Müslüman çokdur.

DEMEDİM Mİ?

Güzel aşık cevrimizi
Çekemezsin demedim mi
Bu bir rıza lokmasıdır
Yiyemezsin demedim mi?

Yemeyenler kalır naçar
Gözlerinden kanlar saçar
Bu bir demdir gelir geçer
Duyamazsın demedim mi?

Aşıklar harabat olur
Hakkın katında kutlu olur
Muhabbet baldan tatlı olur
Doyamazsın demedim mi?

Çıkalım meydan yerine
Erelim Ali sırrına
Can-ü başı Hakk yoluna
Koyamazsın demedim mi?

Bu dervişlik bir dilektir
Bilene büyük devlettir
Yensiz yakasız gömlektir
Giyemezsin demedim mi?

ŞEM'A YANAN PERVANE

Şem'a yanan pervaneler
Gelsün beraber yanalım
Gelsün bir hoşça yanalım

Derde düşen divaneler.
Gelsün beraber yanalım
Gelsün bir hoşça yanalım.

Varın sorun şu bülbüle
Neden aşık olmuş güle
Anın için düşmüş dile

Gelsün beraber yanalım
Gelsün bir hoşça yanalım

Gel şehzadem gel sen de yan!..
Yaş yerine dökelim kan
Hak didarın isteyen can

Gelsün beraber yanalım
Gelsün bir hoşça yanalım

KAHRIN DA HOŞ
LUTFUN DA HOŞ...

Cana cefa kıl ya vefa
Kahrın da hoş, lutfun da hoş,
Ya derd gönder ya deva,
Kahrın da hoş, lutfun da hoş.

Hoştur bana senden gelen:
Ya hilat-ü yahut kefen,
Ya taze gül, yahut diken..
Kahrın da hoş lutfun da hoş.

Gelse celalinden cefa
Yahut cemalinden vefa,
İkisi de cana safa:
Kahrın da hoş, lutfun da hoş.

Ger bağu ger bostan ola.
Ger bendü ger zindan ola,
Ger vaslü ger hicran ola,
Kahrın da hoş, lutfun da hoş.

Ey padişah-ı Lemyezel!
Zat-ı ebed, hayy-ı ezel!
Ey lutfu bol, kahrı güzel!
Kahrın da hoş, lutfun da hoş.

Ağlatırsın zari zari,
Verirsin cennetü huri,
Layık görür isen narı,
Kahrın da hoş, lutfun da hoş.

Gerek ağlat, gerek güldür,
Gerek yaşat gerek öldür,
Aşık Yunus sana kuldur,
Kahrın da hoş, lutfun da hoş.

ZAHİD SULTANIM

Ben bu aşkın mecnunuyum
Hay benim Zahid Sultanım
Mah cemaline meftunum
Hay benim Zahid Sultanım

Sözlerin hep hakikattir
Tarikın hak şeriattir
Bilenlere ne devlettir
Hay benim Zahid Sultanım

Rasulün aşkına yandım
Aşkın şarabına kandım
Deli divaneye döndüm
Hay benim Zahid Sultanım

Hak bize vermiş bir nimet
Her insana olmaz kısmet
Efendime candan hizmet
Hay benim Zahid Sultanım

Sen gittin biz kaldık yetim
Himmet bizlere Efendim
Alemlere sultan sendin
Hay benim Zahid Sultanım

ŞEYHİM BALDIR

Ey Allahım beni senden ayırma
Beni senin didarından ayırma

Seni sevmek benim dinim, imanım
İlahi din ü imandan ayırma

Sararuben soldum döndüm hazana
İlahi hazanı daldan ayırma

Şeyhim baldır ben anın peteğiyem
İlahi peteği baldan ayırma

Şeyhim güldür ben anın yaprağıyam
İlahi yaprağı gülden ayırma

Ben ol dost bahçesinin bülbülüyem
İlahi bülbülü gülden ayırma

Balığın canını suda dediler
İlahi balığı sudan ayırma

Eşrefoğlu senin kemter kulundur
İlahi kulu sultandan ayırma

VARIP DERGAHINA

Varıp dergahına selam vereyim
Kabul eder ise ben de gireyim
Manevi murada anda ereyim

Varıp dergahına olayım direk
Aşk-ı peyman edip ikrarın verek
Şu benim derdime sultanım gerek

Varıp dergahına olayım maşa
Dilerim Mevladan uzunca yaşa
Himmetini kesme ihvan kardaşa

Varıp dergahına edeyim hizmet
Sohbeti himmettir, himmeti izzet
Cümle alemlere ola kim rahmet

Varıp dergahına yüzler süreyim
Perdesin kaldırsa nurun göreyim
Şehadet şerbetin anda içeyim

Varıp dergahına dönsem pervane
Pervane gibi ben de yansam yare
Ya Rab koma bizi dareynde nare

Varıp dergahına olayım türab
Ayrı düşenlerin halleri harab
Ayırma bizleri o dosttan Ya Rab

Varıp dergahına olam bülbülü
Gönüller bağının gülüsün gülü
Mevlam uzun etsin senin ömrünü

Varıp dergahına eyleyin ahid
Halimize cümle melekler şahid
Şu benim derdimin dermanı Zahid

Dergahın uludur Mevla katında
Alemlere rahmet yazar tacında
Bu fakir dervişler cümle yanında

Sultanlar sultanı benim efendim
Gidemem gayriye bağlandı bendim

GELİN EY KARDEŞLER GELİN

Gelin ey kardeşler gelin
Bu menzil uzağa benzer
Nazar kıldım şu dünyaya
Heman bir tuzağa benzer

Bir pirin eteğin tuttum
Ara beni deyüp gitti
Nice yüz bin günah ettim
Her biri bir dağa benzer

Ağla derviş Yunus ağla
Sen özünü Hakk'a bağla
Ağlar isen başına ağla
Elden vefa yoğa benzer

HAKK'I ZİKRET HER YERDE

Derman budur her derde,
Hakk'ı zikret her yerde,
Gaflet etme seherde,
Hakk'ı zikret her yerde:

Bu bir ihsan-ı hak'dır,
Kalben yanık feryatdır,
Hem nefisle cihaddır,
Hakk'ı zikret her yerde:

Kalbten pası pak eyler,
Siyah yüzü ak eyler,
Gönlü ferah-nak eyler,
Hakk'ı zikret her yerde:

Fena huylardan sakın,
İslam adabı takın,
Kemal bulsun ahlakın,
Hakk'ı zikret her yerde:

Tevbe edip günaha,
Yalvar ulu Allah'a,
Tertemiz çık sabaha
Hakk'ı zikret her yerde:

CAN-Ü GÖNÜLDEN SEVERSEN

Can-ü gönülden seversen
Yalvar kul Allah'a yalvar.
Maksuda ermek istersen,
Yalvar kul Allah'a yalvar

Yalvara gör hep yalvara,
Varmayasın yüzü kara,
Ümmet isen Peygamber'e,
Yalvar kul Allah'a yalvar.

Geceler uykudan uyan,
Gizli sırlar olsun ayan.
Mahrum olmaz Allah diyen,
Yalvar kul Allah'a yalvar.

Tanı sen kendini tanı,
Niçün yarattı Hak seni,
Düşünüben hatimeni,
Yalvar kul Allah'a yalvar.

Yunus zikredip hak deyü
Yürü maksudun dileyu,
İnileyu, hem ağlayu,
Yalvar kul Allah'a yalvar

DERVİŞ BAĞRI..

Derviş bağrı taş gerek,
Gözü dolu yaş gerek,
Koyundan yavaş gerek,
Sen derviş olamazsın

Sen Hakk'ı bulamazsın
Ya Mevlam Hu Mevlam
Aşkın bize ver Mevlam

Doğruya varmayınca,
Mürşide ermeyince,
Hakk nasib etmeyince,
Sen derviş olamazsın

Dövene elsiz gerek
Sövene dilsiz gerek
Derviş gönülsüz gerek
Sen derviş olamazsın

Ele geleni yersin,
Dile geleni dersin,
Böyle dervişlik dursun
Sen derviş olamazsın

Şeyhim sözleri Hakk'tır
Asla hilafı yoktur
Senin inadın çoktur
Sen derviş olamazsın

Derviş Yunus gel imdi
Ummanlara dal imdi
Ummana dalmayınca
Sen derviş olamazsın

BÜLBÜLLER NAZDA

Bülbüller nazda
Güller niyazda
Söyle namazda
Elhamdülillah

Koşuşur herkes
Duyulur bir ses
Der ki her nefes
Elhamdülillah

Dilimde Kur'an
Virdim her zaman
Tesbihim her an
Elhamdülillah

Kalbimde iman
Gönlümde sultan
Elimde ferman
Elhamdülillah

YAN YÜREĞİM

Yan yüreğim yan
Gör ki neler var
Bu halk içinde
Bize gülen var

Koy gülen gülsün
Hak bizi görsün
Gafiller bilsin
Hakkı seven var

Bu yol uzundur
Menzili çoktur
Geçidi yoktur
Derin sular var

Her kim merdane
Gelsin meydane
Kıyamaz cane
Kimde hüner var

Yunus sen burda
Meydan isteme
Meydanlar içinde canım
Merdaneler var.

ÖTME BÜLBÜL

İsmi Sübhan virdin mi var?
Bahçelerde yurdun mu var?
Bencileyin derdin mi var?
Garip, garip ötme bülbül

Ötme bülbül ötme bülbül
Derdi derde katma bülbül
Benim derdim bana yeter,
Bir de sen dert katma bülbül.

Bilirim âşıksın güle
Gülün hâlinden kim bile.
Bahçedeki gonca güle
Dolaşıp söz atma bülbül.

Ötme bülbül ötme bülbül
Derdi derde katma bülbül
Benim derdim bana yeter,
Bir de sen dert katma bülbül.

Pervâz olup uçar mısın,
Deniz deryâ geçer misin?
Bencileyin nâ-çâr mısın?
Sen de hâlin söyle bülbül.

Ötme bülbül ötme bülbül
Derdi derde katma bülbül
Benim derdim bana yeter,
Bir de sen dert katma bülbül.

A bülbülüm uslu musun,
Kafeslerde besli misin?
Bencileyin yaslı mısın?
Garip garip ötme bülbül.

Ötme bülbül ötme bülbül
Derdi derde katma bülbül
Benim derdim bana yeter,
Bir de sen dert katma bülbül.

YUNUS vücûdun pâk derken,
Cihanda mislin yok derken,
Seher vakti "Hakk Hakk" derken
Bizi de unutma bülbül.

Ötme bülbül ötme bülbül
Derdi derde katma bülbül
Benim derdim bana yeter,
Bir de sen dert katma bülbül

İSTEDİĞİM HAKTIR BENİM

Gece gündüz döne döne
İstediğim haktır benim
Allah deyip yana yana
İstediğim haktır benim

Yoluna terk edip canı
Akıtıp gözümden kanı
Ah eyleyip dünü günü
İstediğim haktır benim

Münkirler aşk halin bilmez
Münafıklar yola gelmez
Ağlar bu gözlerim gülmez
İstediğim haktır benim

Kor olayım kül olayım
Taşkın akan sel olayım
Çiğneneyim yol olayım
İstediğim haktır benim

AĞLA GÖNÜL

Bir garibsin şu dünyada
Gülme, gülme ağla gönül
Derdin dahi çoktur senin
Gülme, gülme ağla gönül

Ebubekir Sıddık veli
O'dur peygamberin yari
Hani Ömer, Osman, Ali
Gülme, gülme ağla gönül

Bir gün ola ecel gele
Kullar kulluğunda kala
Cümle mahluk toprak ola
Gülme, gülme ağla gönül

İşi gücü cevrü cefa
Dünya kime kıldı vefa
Hani Muhammed Mustafa
Gülme, gülme ağla gönül

Onlar cihane geldiler
Hep gittiler kalmadılar
Gülmediler ağladılar
Gülme, gülme ağla gönül

GÜL YÜZÜNÜ

Gül yüzünü rüyamızda
Görelim ya RESULALLAH
Gül bahçene dünyamızda
Girelim ya RESULALLAH

Sensin gönüller sultanı
Getiren yüce Kur'anı
Uğruna tendeki canı
Verelim ya RESULALLAH

Aşkınla yaşarır gözler
Hasretinle yanar özler
Mübarek ravzana yüzler
Sürelim ya RESULALLAH

Veda edip masivaya
Yalvarıp yüce Mevla'ya
Şefaat-i Mustafa'ya
Erelim ya RESULALLAH

Levleke dedi sana Hak
Bağışla yüzümüze bak
Huzurullaha yüzü ak
Varalım ya RESULALLAH

BİZLERİ DE MAHRUM EYLEME

Durmaz yanar vücudum Allah
Bizleri de mahrum eyleme Allah
Sensin benim maksudum Allah
Bizleri de mahrum eyleme Allah

Gül bülbülün ormanı Allah
Ver derdime dermanı Allah
Şükür erdik bugüne Allah
Bizleri de mahrum eyleme Allah

Halas eyle narından Allah
Ayırma didarından Allah
Cennette cemalinden Allah
Bizleri de mahrum eyleme Allah

Kandiller yana, yana Allah
Dervişler döne, döne Allah
Son nefeste imanından Allah
Bizleri de mahrum eyleme Allah

SEGAH İLÂHİ

Sevdim seni Mâbuduma
Cânan diye sevdim
Bir ben değil âlem sana
Hayran diye sevdim

Mahşerde nebîler bile
Senden medet ister
Gül yüzlü melekler sana
Hayran diye sevdim

Kurbanın olam,
Şâh-ı Rusül kovma kapından
Dîdârına müştâk olacak
Yezdân diye sevdim

Evlâd-ü ıyâlden geçerek
Ravzâna geldim
Ahlâkını medhetmede
Kur'ân diye sevdim

Tâ arşa çıkar
Her gece âşıkların âhı
Âsilere lütfun
Yüce fermân diye sevdim

SEVGİ BAHT OLMUŞ EZELDEN BİZE

Sevgi baht olmuş ezelden bize
Sizde bir türlü bizde bir türlü
Alaca düşmüş gördüğümüze
Sizde bir türlü, bizde bir türlü

Donandı dağlar bahar olunca
Gölgem kayboldu gönlüm dolunca
Güzeli görmek boylu boyunca
Sizde bir türlü bizde bir türlü

İstemem versen cihan varını
Gönül nakşetti, güle yarını
Her yüzde görmek dost didarını
Sizde bir türlü bizde bir türlü

BUYRUĞUN TUT RAHMÂN'IN

Buyruğun tut Rahmân'ın, tevhide gel, tevhide!
Tâzelensin imanın, tevhide gel tevhide!

Müşkilde kalan kişi, güç etme âsan işi,
Bırak gayrı teşvişi, tevhide gel tevhide!

Sen seni ne sanırsın, fâniye aldanırsın,
Hoş bir gün uyanırsın, tevhide gel tevhide!

Yaban yerlere bakma, canın odlara yakma,
Her gördüğüne akma, tevhide gel tevhide!

Hüdâi'yi gûş eyle, aşka gelip cûş eyle,
Bu kevserden nûş eyle, tevhide gel tevhide!

Aziz Mahmud-u Hüdâi (KS)

AŞKIN ODU

Aşkın odu ciğerimi,
Yaka geldi, yaka gider,
Garip başım bu sevdâyı,
Çeke geldi, çeke gider.

Firkat kâr etti canıma,
Gelsin âşıklar yanıma,
Aşk zincirin dost boynuma
Taka geldi, taka gider.

Bülbül eder zâr u figân,
Aşk oduna yandı bu cân,
Benim gönülcüğüm heman,
Hakk'tan geldi, Hakk'a gider.

Ârifler durur sözüne,
Gayri görünmez gözüne,
Eşrefoğlu dost yüzüne,
Baka geldi, baka gider.

Eşrefoğlu Rumi

RAHMAN RABBİM

Rahman Rabbim rahmetini câri eyle seherde
İsyan batağına battım yardım et seherde

Yolsuz yola yol yürüdüm, gafletle ömrüm
                                         geçti
Ey Kâdir-i zül-celâl yardım et seherde

Sensin benim sığınağım, gazap eyleme
                                     Allahım
Ey bütün halleri bilen, yardım et seherde

Garibim ve kimsesizim, biçareyim hem fakir
Senden başka kimim var, rahmet eyle
                                     seherde

                               Hoca Ahmed Yesevî

ALLAH'IM!

Ne zaman anarsam Seni
Kararım kalmaz Allah'ım
Senden gayrı gözüm yaşın
Kimseler silmez Allah'ım

Sensin ismi Bâki olan
Sensin dillerde okunan
Senin aşkına dokunan
Kendini bilmez Allah'ım

Aşık Yunus seni ister
Lûtfeyle cemâlin göster
Cemâlin gören aşıklar
Ebedi ölmez Allah'ım.

                              Yunus Emre

MEVLÂM SANA ERSEM DİYE

Mevlâm sana ersem diye,
Aşka düşen pervaneyim.
Cemâlini görsem diye,
Aşka düşen pervâneyim.

Gözyaşlarım durmaz taşar,
Seller gibi çağlar coşar.
Vuslat ümidiyle yaşar,
Aşka düşen pervaneyim.

Ali Ulvi Kurucu

KİMİ DOSTA GİDER

Kimi dosta varır dosta bendolur
Kimi nefse uyar kahrolur gider
Kimi gülistanda goncagül olur
Kimi goncagüle hâr olur gider.

Kimi tevbe eder esfiya olur
Kimi inat eder eşkiya gider
Kimi Ahmed seni uzaktan tanır
Kimi yaklaşır da kör olur gider.

H.Ahmed Soyyiğit

DAHİLEK YA RASULALLAH

Arınmış bir ruhla Ravza'ya varsam,
Kubbe-i Hadra' yı yakından görsem,
Taş ve toprağına yüzümü sürsem:
Diyerek: Dahîlek yâ Rasûlallah

Ziyâret kasdiyle ulu serveri
Selâm kapısından girsem içeri,
Kemâl-i hürmetle varsam ileri:
Diyerek: Dahîlek yâ Rasûlallah

Huzuru Pâk'ine eğilsem-gitsem,
Bütün varlığımı onda eritsem,
Eriyen mum gibi tükenip bitsem:
Diyerek: Dahîlek yâ Rasûlallah

Müvâcehe'sinden dalsam huzurâ,
Arzetsem kalbimi Ebedî Nûr'a,
İmânım kemâlle erse şuûra:
Diyerek: Dahîlek yâ Rasûlallah

Mevlâ'ma gönlümden uçsa dilekler,
Duâma hep âmin dese melekler,
Yansıtsa âhımı bütün felekler:
Diyerek: Dahîlek yâ Rasûlallah

Eşsiz Medîne'de edeble kalsam,
Bûy-u mânevîden bir şemme alsam,
Solmayan cemâlin seyrine dalsam:
Diyerek: Dahîlek yâ Rasûlallah

N'OLA HALİM BENİM

N' ola halim benim ya Resulallah
Yanar can-u tenim ya Resulallah

Çırpınan alev ve buhurdan gibi,
Aşkınla tütenim ya Resulallah

Hasreti hicrinle nice zamandır,
Eriyip bitenim ya Resulallah

Sen Şah-ı Levlak'sın, yüce kapında,
Boynumu bükenim ya Resulallah

Bastığın toprakta güller açılmış,
Ben onda dikenim ya Resulallah

BENİM MUHAMMED'İM

Cebrail'im selam eyle dostuma
Benim Muhammed'im nurdan Ahmed'im
Söyle gelsin çıksın arşım üstüne
Benim Muhammed'im nurdan Ahmed'im

Arşımı donattım gelsin göreyim
Kullarım halinden haber sorayım
O gelsin ben ona haber vereyim
Benim Muhammed'im nurdan Ahmed'im

Arşımın üstünde seyran eyleyen
Kürsüm üzerinde cevlan eyleyen
Mirac'da ümmetin Hakk'tan dileyen
Benim Muhammed'im nurdan Ahmed'im

Derviş Yunus severiz Muhammed'i
Her andıkça verelim salavatı
Kadir Mevlam ana mahbûbum dedi
Benim Muhammed'im nurdan Ahmed'im

ÇALAP NURDAN YARATMIŞ

Çalap nurdan yaratmış
Canını Muhammed'in
Aleme rahmet saçmış
Adını Muhammed'in

Muhammed bir denizdir
Alemi tutup durur
Yetmiş bindir peygamber
Gönlünde Muhammed'in

Hakk'ın arslanı Ali
Sağında Muhammed'in
Hasan ile Hüseyin
Solunda Muhammed'in

Yunus Emre'm aşıktır
Eksiklidir miskindir
Her kim gitmez mahrumdur
İzine Muhammed'in

YÜZÜ GÜLSÜN

Yüzü gülsün feleğin
Maden-i ihsan geliyor
Şu karanlıklara
Hurşid-i dırahşan geliyor
Müjde uşşaka ki
Can verdiği canan geliyor
Ölü dünyaya Muhammed gibi
Bir can geliyor
Hazret-i Peygamber-i zişan geliyor
Müjde müjde ey Rıza
Rahmeti Rahman geliyor
Geliyor beklenen
Ekmel-i insan geliyor

PEYGAMBERİM ULUDUR

Peygamberim uludur,
Abdullah'ın oğludur,
Güzel adı: Muhammed,
Yolu Allah yoludur.

Annesidir Amine,
Nur yağdı o an eve,
Gördü tatlı rüyalar,
İmrendi gök zemine,

Doğdu Hakk'ın güneşi,
Doğmadı hiçbir eşi,
Beşyüz yetmiş bir yılı,
Söndü şirkin ateşi.

Bastı altı yaşına,
Kaldı bir tek başına,
İnci gibi annesi,
Üzüntüler boşuna.

Hak dindirir her yası,
Dedesiyle amcası,
Hemen kanat gerdiler,
Büyüdü gül goncası.

Kırk yaşına değince,
Peygamberlik verildi,
Allah birdir! Deyince,
Putlar yere serildi!

Herkes kördü sağırdı,
Gelin!.. diye bağırdı,
Hakk'ın doğru yoluna,
İnsanları çağırdı.

Sürü sürü günaha,
Karşı duran O oldu,
İnsanları felaha,
Kavuşturan O oldu.

Yirmi üç yıl didindi,
Taşı, yastık edindi,
Aydınlatan cihanı,
Getirdiği Hak dindi.

Altmış üç yıl yaşadı,
Alnı aktı, yüzü ak,
Anıldıkça pak adı,
Selamlanıp duracak.

M. Asım Köksal

KADİR GECESİ İLAHİSİ

Bu gece Kadir Gecesi
Gel tevbe et günahına
Lutfa şükür gecesi
Gel tevbe et günahına

Hakka yönelen yüzleri
Nura çevir gözleri,
Bugün af eder bizleri,
Gel tevbe et günahına

Suç kapısını kapatalım
Hiçbir hata yapmayalım,
Hak yolundan sapmayalım,
Gel tevbe et günahına

Emek verek yurdumuza
Şifa gelsin derdimize
Yardım edip ferdimize
Gel tevbe et günahına

Ozan baba oldu pişman,
Sevinemez ona düşman,
Kadir Gecesinde insan,
Gel tevbe et günahına

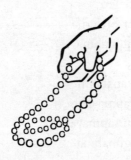

NİÇİN AĞLARSIN
EY BÜLBÜL

Sen bunda garip mi geldin
Niçin ağlarsın ey bülbül
Yorulup uzun mu geldin
Niçin ağlarsın ey bülbül

Karlı dağları mı aştın,
Derin ırmaklar mı geçtin
Yarinden ayrı mı düştün
Niçin ağlarsın ey bülbül

Kanadın açabilirsin
Açıp ta uçabilirsin,
Hicaplar geçebilirsin,
Niçin ağlarsın ey bülbül

Kal'a şehrin mi yıkıldı
Ya nam-ı arın mı kaldı
Gurbette yarin mi kaldı
Niçin ağlarsın ey bülbül

Kadrin bilinmez mi oldu
Hatırın sorulmaz mı oldu
Ol dost görülmez mi oldu
Niçin ağlarsın ey bülbül

MEDET EYLE KIYAMETTE

Ya Rabbena, Ya Rabbena
Eyle medet kıyamette
Fağfirlena zünûbena
Eyle medet kıyamette

Hû can Allah bu can Allah
Canlar sana kurban olsun Allah

Bu dünyada yoktur vefa
Buna gelen çeker cefa
Hakkın habibi Mustafa
Medet eyle kıyamette

Bahçelerde bülbül şakır
Bin bir ismin okur
Ya Hazret-i Ebu Bekir
Medet eyle kıyamette

Gökyüzünde şems ü kamer
Yeryüzüne nurlar döker
Ya Hazret-i Faruk Ömer
Medet eyle kıyamette

Bu dünyada çoktur veli
Cümlesi de Hakkın kulu
Ya Hazreti İmam Ali
Medet eyle kıyamette

Gökyüzünden indi Kur'an
Anı cem eyledi bürhan
Ya Hazreti İmam Osman
Medet eyle kıyamette